Warum Hitlers „Mein Kampf"
in den Geschichtsunterricht gehört

FRIEDA KINNERS

Warum Hitlers „Mein Kampf" in den Geschichtsunterricht gehört

Ein kritischer Diskussionsbeitrag

Bibliografische Information der Deutschen Nationalbibliothek:
Die Deutsche Nationalbibliothek verzeichnet diese Publikation
in der Deutschen Nationalbibliografie;
detaillierte bibliografische Daten sind im Internet
über http://dnb.dnb.de abrufbar.

Buchsatz, Coverdesign, Herstellung und Verlag:
BoD – Books on Demand, Norderstedt

ISBN: 978-3-7494-6264-3

Inhalt

Vorwort

Als ich Adolf Hitlers „Mein Kampf" das erste Mal las, war es eine Mutprobe. Ich wollte wissen, ob ich einen eigenen moralischen Kompass besaß oder bloß von der „Gnade der späten Geburt" profitierte. Das war vor ungefähr fünfzehn Jahren, als es die kommentierte Ausgabe des Instituts für Zeitgeschichte in München[1] noch nicht gab. „Mein Kampf" war tabu, ein Machwerk, vor dem der Staat die Bevölkerung schützen musste, damit sie nicht auf dumme, grausame Gedanken käme. Es hieß aber auch, dass das Buch schlecht geschrieben und unlesbar sei, und deswegen habe es kaum jemand gelesen. Was denn nun, unlesbar oder gefährlich? Und stimmte es, dass in den zwei Bänden schon „alles" stehe und deswegen niemand sagen könne, er oder sie habe nicht gewusst, wohin die Ideologie des Nationalsozialismus führen würde?

---

[1] Hitler, „Mein Kampf". Eine kritische Edition. Herausgegeben von Christian Hartmann, Thomas Vordermayer, Othmar Plöckinger, Roman Töppel. Unter Mitarbeit von Pascal Trees, Angelika Reizle, Martina Seewald-Mooser. Im Auftrag des Instituts für Zeitgeschichte. 2 Bände. München, Berlin 2016. – Auf diese Ausgabe beziehen sich im Folgenden Zitate aus Hitlers Publikation, abgekürzt als „MK".

In Deutschland fand ich keine Möglichkeit, umstandslos an das Buch heranzukommen. Wie gesagt, die kommentierte Ausgabe, die man seit einigen Jahren im Buchhandel bestellen kann, gab es noch nicht. Es gab Versionen des Buches im Internet, die aber wohl erstens illegal waren und bei denen ich zweitens keine Garantie hatte, dass der Text nicht frisiert worden war – gekürzt, „verbessert", was auch immer. Zwar wurden zwischen 1925 und 1945 fast zwölfeinhalb Millionen gedruckte Exemplare „unters Volk gebracht" (S. 9 in der kommentierten Ausgabe), aber die Preise im antiquarischen Online-Buchhandel waren mir zu hoch. Vermutlich blieben noch Giftschränke in öffentlichen Bibliotheken, aber ich wollte nicht bei der Ausleihe in einen Lesesaal angestarrt werden. Das wäre mir maßlos peinlich gewesen, weil ich ein harmoniesüchtiger und schüchterner Mensch bin und damit schon mal keine Sophie Scholl. Mutprobe ja, aber nicht diese.

Zum Glück war ich zu der Zeit häufig in Oxford, wo man an „Mein Kampf" problemlos herankam. Es gab eine Buchhandlung, die auf so ziemlich jedes Fach spezialisiert war, und dazu eine legale englische Übersetzung, für die das Bayerische Staatsministerium der Finanzen kein Urheberrecht besaß. Ich zog das Buch aus dem Regal und bezahlte ganz normal an der Kasse. Um einmal ein Original gesehen zu haben, bestellte ich zudem eine Ausgabe der deutschsprachigen Bände in einen Lesesaal der Unibibliothek. Auch hier war das ein Vorgang wie jeder andere. Es war seltsam und zugleich befreiend.

Die Lektüre selbst war aufschlussreich, warf aber neue Fragen auf. Entsprechend gespannt war ich, als endlich die kommentierte Ausgabe erschien. Ich habe nicht alle Kommentare gelesen, aber es war an einzelnen Stellen interessant zu sehen, dass Hitler seine Weltanschauung nicht aus dem Hut zauberte, sondern an vieles anknüpfte, was vor allem im „völkischen" Denken bereits vorhanden war. Die Kommentare sind jedoch offensichtlich nicht dazu gedacht, größere inhaltliche Zusammenhänge in den zwei Bänden aufzuzeigen, sondern beschränken sich darauf, Kontext für einzelne Sätze und Passagen in „Mein Kampf" zu liefern. Manchmal werfen sie mehr Fragen auf, als sie beantworten, und einigen dieser Fragen bin ich nachgegangen, ohne dass deswegen daraus eine fundierte wissenschaftliche Arbeit geworden wäre. Zum Staunen hat es aber allemal gereicht.

Ohne diesen Hintergrund wäre mir beim Durchstöbern des Buchladens im Deutschen Historischen Museum in Berlin der Titel „'Warum ich Nazi wurde' – Biogramme früher Nationalsozialisten"[2] vermutlich nicht aufge-

---

2 Wieland Giebel (Hrsg.): „Warum ich Nazi wurde" – Biogramme früher Nationalsozialisten. Die einzigartige Sammlung des Theodore Abel. Berlin 2018.

fallen. Es enthält eine Auswahl von ursprünglich 683 überlieferten Lebensläufen von Nationalsozialisten, darunter relativ wenige Nationalsozialistinnen, aus dem Jahr 1934, die an einem Preisausschreiben teilnahmen, in dem sie ihren Werdegang beschreiben sollten. Diese Selbstzeugnisse gelten als eine besonders wertvolle historische Quelle, weil sie hauptsächlich von Menschen stammen, die sich zu früh zum Nationalsozialismus bekannten, um Mitläufer gewesen zu sein, und die stolz darauf waren. Die Geschichtsforschung hat diese Selbstzeugnisse gründlich studiert, aber ich wollte vor allem wissen, ob jemand von ihnen „Mein Kampf" gelesen hatte, und ob ihre Berichte die Geschichtsüberlieferung, mit der ich aufgewachsen bin, bestätigen.

Diese Geschichtsüberlieferung geht ungefähr so: Hitler stieg auf in einer Zeit, in der es den Leuten wirtschaftlich schlecht ging und ihr Selbstwertgefühl nach dem verlorenen Ersten Weltkrieg gering war. Hitlers Propaganda fiel auf fruchtbaren Boden: Die Juden seien an allem schuld und er würde die „Arier" aus der Misere führen, wenn sie die NSDAP wählten. Ich hatte immer geglaubt, dass die Anziehungskraft des Nationalsozialismus für die, die sich als Arier verstanden, darin bestand, dass er versprach, die Sehnsucht nach einem sicheren Platz in einer starken Gemeinschaft zu erfüllen, nach Schutz und Geborgenheit und der Gewissheit, sich seiner persönlichen Qualitäten sicher sein zu können, weil man Teil dieser arischen Rasse war. Und weil man durch den Einsatz für diese Gemeinschaft Wertschätzung erfahren würde, bis zum und über den Tod hinaus. Als Krönung ein Führer, der sein Volk liebte und sich rückhaltlos für es einsetzte.

In den 82 Beschreibungen, die in „Warum ich Nazi wurde" publiziert sind, geht es zumeist um örtliche Grüppchen von Gleichgesinnten, die vor dem ersten großen Wahlerfolg der NSDAP bei den Reichstagswahlen 1930 von den meisten nicht ernst genommen wurden und bis zur Machtergreifung 1933 Anfeindungen ausgesetzt waren, nicht nur am Arbeitsplatz und in der Nachbarschaft, sondern auch innerhalb der Großfamilie. Ein immer wiederkehrendes Motiv in den Berichten sind Opferbereitschaft und Hingabe für das gemeinsame Ziel. Einige berichteten, dass sie wegen ihrer unentgeltlichen politischen Tätigkeit ihre bezahlte Arbeit verloren oder sogar selbst aufgegeben hatten. Sozialen Halt fand man innerhalb der Gemeinschaft, wie zum Beispiel im Bericht Nr. 261 (S. 573) beschrieben: „Unsere Zeit nach der Arbeit und die Sonntage gehörten der Bewegung; wir waren die Fanatiker der Idee Adolf Hitlers geworden, mochte man uns auch mit Hunden vom Hofe jagen oder mit Steinen nach uns werfen, umso härter wurden wir, umso trotziger hielten wir zusammen". So stelle ich mir eine Sekte vor, deren Mitglieder die Erfüllung ihrer Sehnsüchte in einer Heilslehre und einem charismatischen Führer gefunden haben.

Die Namen der Menschen, die diese Berichte schrieben, sind publiziert, aber ich lasse sie hier weg, weil es nicht darum geht, jemanden vorzuführen. Vielleicht gingen manchen später noch die Augen auf. Ich finde, dass man ein Leben lang lernen kann und darf, aber es sollte mehr als die Erkenntnis dabei herauskommen, dass man weit kommen kann, wenn man mit dem Strom schwimmt. Hitler war dagegen der Meinung, dass „der Mann sich im allgemeinen, Fälle ganz besonderer Begabung ausgenommen, nicht vor seinem dreißigsten Jahre in der Politik öffentlich betätigen soll" (MK, S. 235), um sich nicht mit politischen Jugendsünden zu blamieren:

> „Ist dies anders, so läuft er Gefahr, eines Tages seine bisherige Stellung in wesentlichen Fragen entweder ändern zu müssen oder wider sein besseres Wissen und Erkennen auf einer Anschauung stehenzubleiben, die Verstand und Überzeugung bereits längst ablehnen." (MK, S. 235)

Bei Hitler durfte Mann (von Frauen war nicht die Rede) danach zwar noch Erfahrungen sammeln, konnte aber nicht mehr umdenken, ohne seine Glaubwürdigkeit zu verlieren:

„Auch der Dreißigjährige wird im Laufe seines Lebens noch vieles zu lernen haben, allein es wird dies nur eine Ergänzung und Ausfüllung des Rahmens sein, den die grundsätzlich angenommene Weltanschauung ihm vorlegt."
(MK, S. 237)

Wie traurig wäre das Leben, wenn man sich ab dreißig Jahren grundlegenden Erkenntnissen verschließen müsste aus Angst, dass sie Vertrautes ausheben könnten. Wozu achtzig, neunzig oder hundert Jahre alt werden, wenn es schon die letzten fünfzig, sechzig oder siebzig Jahre nichts mehr zu entdecken gab?

Aber zurück zu den Einsendungen für das Preisausschreiben. Wer mitmachte, hatte den Nationalsozialismus für sich entdeckt. Manche Teilnehmer berichteten voller Stolz von gewalttätigen Auseinandersetzungen und beschrieben mit besonderer Hingabe Begegnungen mit Kommunisten, während andere ihr Seelenleben in den Berichten offenlegten. Sie lehnten den marxistischen Klassenkampf ab, weil sie ihn trotz berechtigter Anliegen als zerstörerisch empfanden, und ersehnten sich eine Abschaffung der deutschen Klassengesellschaft durch die von Hitler beschworene Volksgemeinschaft. Bericht Nr. 244 (S. 485), einer der wenigen, der von einer Frau geschrieben wurde, formulierte den Gegenentwurf besonders deutlich:

„Während der Marxismus den sozialistischen Gedanken in der Gleichheit zwischen Deutschen und Franzosen, Negern und Juden predigte, lehrte er den Kampf bis aufs Messer zwischen Schichten desselben Volkes." Der Zusammenhalt der vom Nationalsozialismus beschworenen Volksgemeinschaft ging jedoch auch mit klaren Feindbildern einher. Während Marxisten vor der eigenen Haustür als ein irregeleiteter Teil der Volksgemeinschaft betrachtet wurden, waren vor allem Juden von dieser Zukunftsvision ausgeschlossen.

Von den Veteranen des Ersten Weltkrieges unter den Einsendern suchten die meisten im Nationalsozialismus etwas, das sie bereits an der Front erlebt hatten, und das beispielsweise im Bericht Nr. 12 (S. 251) beschrieben wird:

> „In meinem SA-Sturm, in dem ich Dienst machte, waren die schwierigsten Verhältnisse, da hier Direktoren, Staatsanwälte, Geschäftsinhaber, Arbeiter und Erwerbslose zusammen kamen, und doch war in kurzer Zeit eine echte Kameradschaft und ein hervorragendes Zusammengehörigkeitsgefühl vorhanden, wie wir es im Kriege hatten."

Bericht Nr. 239 (S. 467) beschreibt das Gefühl genauer:

> „Der harte Frontkampf frug nicht nach Herkunft, Geburtsvorrechten, Rang und Vermögen, der blutige Tod suchte seine Opfer in allen Volksschichten. Diesen Opfergeist, diesen Frontgeist konnte ich nie vergessen und war maßgebend dafür, daß ich den Tag zu dem unbekannten Gefreiten des Weltkrieges, zum Schöpfer des deutschen Nationalsozialismus, zum jetzigen Führer des deutschen Vaterlandes fand."

Ich muss gestehen, dass mir erst durch diese Berichte so richtig klar geworden ist, warum der Nationalsozialismus die beiden Worte „national" und „Sozialismus" kombinierte. Die meisten Wettbewerbsteilnehmer hatten entweder im Ersten Weltkrieg gekämpft oder als Kinder die Enttäuschung der Niederlage der von ihnen bewunderten Soldaten erlebt. Es befand sich jedoch auch ein auslandserfahrener Adeliger unter den Einsendern, der mit fast siebzig Jahren auf ein langes und verantwortungsreiches Berufsleben zurückblicken konnte und ausführlicher als alle anderen beschrieb, welche Tugenden ihm wichtig waren – darunter Pflichterfüllung, Wahrhaftigkeit, charakterfeste Persönlichkeit, Tüchtigkeit, Fleiß, Sparsamkeit, Gewissenhaftigkeit, Verantwortungsgefühl –, und der es nicht zu schätzen wusste, wenn er sich beruflich in „Kreisen des Untermenschentums, Zuhältern und anderen dunklen Elementen" bewegen musste. Dieser Einsender beschrieb, wie „Mein Kampf" auf ihn gewirkt hatte: „Ich las das Buch des Führers und jeder Gedanke in dem Buch zog mich mehr und mehr in den Bann der Persönlichkeit des Verfassers". Sein Bericht Nr. 132 (S. 382) beschreibt den Eindruck, den nationalsozialistische Massenveranstaltungen auf ihn machten:

> „Ich habe nie vorher in meinem Leben so viel gläubiges Vertrauen, soviel Hingabe, soviel Einheitlichkeit des Empfindens bei zufällig zusammengeführten Massen erlebt wie z.B. bei grossen Massenversammlungen in Danzig, bei denen die Pg. Goebbels und Frick sprachen. Es trat mir zum ersten Mal wieder ein deutsches Volk vor Augen, dem man sich freudig und gern anschliessen konnte. Da war wieder ein Vaterland und eine Heimat."

Wie konnte es ausgehend von solchen Sehnsüchten zum Holocaust kommen? Die Moral der Geschichtsüberlieferung, mit der ich aufgewachsen bin, lautet, dass der Firnis der Zivilisation sehr dünn sei (Umgangsdeutsch: „Es braucht nicht viel und der Lack ist ab"). Folglich gilt: Je weniger „Mein Kampf" lesen, desto besser. Ich glaube dagegen, dass man aus dem Buch viel lernen kann, wenn man sich die Mühe macht, aus der zähen

Lektüre die großen Linien herauszuklauben. Ich habe im Folgenden die Themen herausgegriffen, die mich am meisten beschäftigt haben, während andere fehlen, wie Hitlers Glaube an „Genies", die aus der Masse der Menschen herausragen. Wenn Sie das stört, lesen Sie den Kampf am besten selbst. (Ich sage „Sie" statt „du" zu Ihnen, weil wir nicht in einem schwedischen Möbelhaus sind.)

1 Sozialdarwinismus

In „Mein Kampf" kommt immer wieder vor, was den
Nazis aus dem Preisausschreiben so wichtig war: Kameradschaft, Pflichterfüllung und Opferbereitschaft
bis hin zur Selbstaufgabe. Das Buch ist jedoch nicht
Tolkiens „Der Herr der Ringe" und deswegen sind zumindest bei mir die wohligen Schauer ausgeblieben.
Hitler sah die Welt als ein permanentes Schlachtfeld,
auf dem ein von der Natur vorgegebener erbarmungs-
loser Überlebenskampf ausgefochten wird:

> „Die Natur selber pflegt ja in Zeiten großer
> Not oder böser klimatischer Verhältnisse so-
> wie bei armem Bodenertrag ebenfalls zu einer
> Einschränkung der Vermehrung der Bevölke-
> rung von bestimmten Ländern oder Rassen zu
> schreiten; allerdings in ebenso weiser wie rück-
> sichtsloser Methode. Sie behindert nicht die Zeu-
> gungsfähigkeit an sich, wohl aber die Forterhal-
> tung des Gezeugten, indem sie dieses so schwe-
> ren Prüfungen und Entbehrungen aussetzt, daß
> alles minder Starke, weniger Gesunde, wieder in
> den Schoß des ewig Unbekannten zurückzukeh-
> ren gezwungen wird." (MK, S. 383)

Dass Hitlers Vorstellung von Vorgängen in der Natur einen religiösen Einschlag hatte, der eher an eine antike Gottheit als an Gesetze denken lässt, war zu der Zeit nicht ungewöhnlich, vermute ich. Der Tod als „Schoß des ewig Unbekannten" klingt etwas schwülstig, aber vielleicht war das auch der Stil der Zeit, so wie der „Sturm des Lebens" in der Fortsetzung des Textes:

> „Was sie dann dennoch die Unbilden des Daseins überdauern läßt, ist tausendfältig erprobt, hart und wohl geeignet, wieder weiter zu zeugen, auf daß die gründliche Auslese von vorne wieder zu beginnen vermag. Indem sie so gegen den einzelnen brutal vorgeht und ihn augenblicklich wieder zu sich ruft, sowie er dem Sturme des Lebens nicht gewachsen ist, erhält sie die Rasse und Art selber kraftvoll, ja steigert sie zu höchsten Leistungen." (MK, S. 383–385)

Wo bleibt angesichts des grimmigen Szenarios einer ebenso weisen wie brutalen Natur die Heilsbotschaft des Nationalsozialismus? Legen Sie Wert auf persönliche Freiheit, Jobsicherheit, gute medizinische Versorgung und eine verlässliche Rente? Dann sind Sie schon mal falsch, denn Ihr persönliches Glück spielt keine Rolle, wenn Sie Hitlers „völkischem Staat" dienen: „Er hat die Rasse in den Mittelpunkt des allgemeinen Lebens zu setzen. Er hat für ihre Reinerhaltung zu sorgen. Er hat das Kind zum kostbarsten Gut eines Volkes zu erklären." (MK, S. 1031)

Endlich eine vernünftige Familienpolitik? Nur, wenn Sie auf der Sonnenseite des Lebens stehen, denn wer Kinder haben darf, entscheidet der Staat: „Er muß dafür Sorge tragen, daß Kinder zeugt nur wer gesund ist; daß es nur eine Schande gibt: bei eigener Krankheit und eigenen Mängeln dennoch Kinder in die Welt zu setzen, doch eine höchste Ehre: darauf zu verzichten" (MK, S. 1031). Stimmen die Voraussetzungen, ist Kinder zu haben kein Recht, sondern eine Pflicht: „Weiters aber muß es umgekehrt als verwerflich gelten: gesunde Kinder der Nation vorzuenthalten" (MK, S. 1031). Es geht nicht um Ihr persönliches Glück:

„Der Staat muß dabei als Wahrer einer tausendjährigen Zukunft auftreten, der gegenüber der Wunsch und die Eigensucht des einzelnen als nichts erscheinen und sich zu beugen haben. Er hat die modernsten ärztlichen Hilfsmittel in den Dienst dieser Erkenntnis zu stellen. Er hat, was irgendwie ersichtlich krank und erblich belastet und damit weiter belastend ist, zeugungsunfähig zu erklären und dies praktisch auch durchzusetzen." (MK, S. 1031–1033)

Sie brauchen also nicht nur einen Führerschein zum Autofahren, sondern auch ein Gesundheitsattest, um Kinder haben zu dürfen. Neigen Sie zu Allergien oder Depressionen? Sagen Sie das besser nicht Ihrem Hausarzt, und vielleicht verschweigen Sie im Rentenalter vorsichtshalber Ihre geschwollenen Beine, denn was haben Sie Ihrer Volksgemeinschaft dann noch zu bieten? In Hitlers Welt belasten Sie lediglich die Rentenkasse und treiben Krankenkassenbeiträge in die Höhe. Arier zu sein hat seine Tücken, weil vor allem Ihre persönliche Opferbereitschaft für die Gemeinschaft gefragt ist:

> „Dieser Aufopferungswille zum Einsatz der persönlichen Arbeit und, wenn nötig, des eigenen Lebens für andere ist am gewaltigsten ausgebildet bei dem Arier. Er ist am größten nicht in seinen geistigen Eigenschaften an sich, sondern in dem Ausmaße, in dem er alle Fähigkeiten in den Dienst der Gemeinschaft zu stellen bereit ist. Der Selbsterhaltungstrieb hat bei ihm die edelste Form erreicht, indem er das eigene Ich dem Leben der Gesamtheit willig unterordnet und, wenn die Stunde es erfordert, auch zum Opfer bringt." (MK, S. 771)

Das mit den „geistigen Eigenschaften" klingt für mich, als wären Hitlers Arier nicht die Hellsten und müssten es auch nicht sein, weil es wichtiger ist, gemeinsam stark zu sein, aber an anderen Stellen ist ständig vom Genie mit Führungsqualitäten die Rede. Anscheinend reichte es, wenn ein paar Ausnahmeerscheinungen klug waren und der Rest ihnen folgte. Wie auch immer, Hitler träumte offensichtlich von einer kollektivistisch geprägten Gesellschaft, in der der einzelne Mensch keinen Wert hat, sondern nur die Gemeinschaft, der er sich unterordnet. Staaten sollen der „lebendige Organismus zur Erhaltung und Vermehrung einer Rasse" (MK, S. 785) sein. Ziel war die Erringung der Weltherrschaft eines „völkischen" Staates über andere Staaten in einem von der Natur vorgegebenen Kampf um alles oder nichts. Soziale Anerkennung findet der Mensch in der Selbstaufgabe für dieses Ziel:

> „Wenn man sich jedoch die Frage vorlegt, was nun die staatsbildenden oder auch nur staatserhaltenden Kräfte in Wirklichkeit sind, so kann man sie unter einer einzigen Bezeichnung zusammenfassen: Aufopferungsfähigkeit und Aufopferungswille des einzelnen für die Gesamtheit." (MK, S. 431)

Daher kam also das Schlagwort „Du bist nichts, Dein Volk ist alles!" aus der nationalsozialistischen Propaganda. Individualismus und Materialismus sind verwerflich:

„Daß aber diese Tugenden mit Wirtschaft auch nicht das geringste zu tun haben, geht aus der einfachen Erkenntnis hervor, daß der Mensch sich ja nie für diese aufopfert, das heißt: man stirbt nicht für Geschäfte, sondern nur für Ideale." (MK, S. 431)

Sind wir endlich beim Wohlfühl-Nationalsozialismus angekommen, bei den Idealen und Tugenden, die in einer von Egoismus und Materialismus geprägten Welt verloren gegangen sind? Das folgende klingt doch gut:

„Gerade unsere deutsche Sprache aber besitzt ein Wort, das in herrlicher Weise das Handeln nach diesem Sinne bezeichnet: Pflichterfüllung; das heißt, nicht sich selbst genügen, sondern der Allgemeinheit dienen; dies ist Pflicht.

Die grundsätzliche Gesinnung nun, aus der ein solches Handeln erwächst, nennen wir zum Unterschied des Egoismus, des Eigennutzes, Idealismus. Unter dem verstehen wir die Aufopferungsfähigkeit des einzelnen für die Gesamtheit, für seine Mitmenschen." (MK, S. 775)

In Zeiten fortschreitender Urbanisierung und Industrialisierung trauerte Hitler einer Vergangenheit nach, in der Tugenden gepflegt worden seien, die er an anderer Stelle als „Formen einer oft seltenen Opferwilligkeit, treuester Kameradschaft, außerordentlicher Genügsamkeit und zurückhaltender Bescheidenheit" (MK, S. 185) beschreibt. Die Weimarer Republik war für ihn eine Zeit des moralischen Niederganges:

> „War es nicht die deutsche Presse, die den Unsinn der ‚westlichen Demokratie' unserem Volke schmackhaft zu machen verstand, bis dieses endlich von all den begeisterten Tiraden gefangen, seine Zukunft glaubte einem Völkerbunde anvertrauen zu können? Hat sie nicht unser Volk zu einer elenden Sittenlosigkeit zu erziehen mitgeholfen? Wurden nicht Moral und Sitte von ihr lächerlich gemacht, als rückständig und spießerlich gedeutet, bis endlich wirklich auch unser Volk ‚modern' wurde?" (MK, S. 643)

Vielleicht hätte Hitler „liberal" statt „modern" schreiben sollen, denn konservativ war er nur bedingt. Er verabscheute zwar moderne Kunst und verurteilte vorehelichen Geschlechtsverkehr, hielt aber nichts von der Monarchie als Regierungsform und propagierte stattdessen einen Sozialdarwinismus, der mit herkömmlicher Moral und Sitte nichts zu tun hatte. Was sicherlich viele ansprach, war seine Kritik an einem Egoismus, der auf Kosten des Gemeinwohls geht:

„Gerade in Zeiten, da nun die ideale Gesinnung zu verschwinden droht, können wir deshalb auch sofort ein Sinken jener Kraft erkennen, die die Gemeinschaft bildet und so der Kultur die Voraussetzungen schafft. Sowie erst der Egoismus zum Regenten eines Volks wird, lösen sich die Bande der Ordnung, und im Jagen nach dem eigenen Glück stürzen die Menschen aus dem Himmel erst recht in die Hölle." (MK, S. 777)

Es ging Hitler jedoch nicht um eine friedliche Welt, in der es keine Steuerflucht, keine Steuerverschwendung und keine Dieselaffäre gibt, dafür aber viele gemeinnützige Vereine und am besten jedes Jahr ein Sommermärchen. Es ging ihm immer nur um Sein oder Nicht-Sein:

„Daß aber diese Welt dereinst noch schwersten Kämpfen um das Dasein der Menschheit ausgesetzt sein wird, kann jeder glauben. Am Ende siegt ewig nur die Sucht der Selbsterhaltung. Unter ihr schmilzt die sogenannte Humanität als Ausdruck einer Mischung von Dummheit, Feigheit und eingebildetem Besserwissen, wie Schnee in der Märzensonne. Im ewigen Kampfe ist die Menschheit groß geworden und nur im ewigen Friede geht sie zugrunde" (MK, S. 393).

Der Gedanke, dass man gegen Menschlichkeit sein könnte – zumindest als Ideal, auch wenn es mit der Umsetzung manchmal nicht so einfach ist –, ist mir wegen meiner christlichen Erziehung so fremd, dass ich schließlich im Duden nachgesehen habe, was das Wort „Humanität" bedeutet. Es ist tatsächlich ein anderes Wort für Menschenfreundlichkeit, Menschenliebe und Menschlichkeit. Dass die Absage an die Humanität kein einmaliger Ausrutscher war, wird hier besonders deutlich:

> „Ein stärkeres Geschlecht wird die Schwachen verjagen, da der Drang zum Leben in seiner letzten Form alle lächerlichen Fesseln einer sogenannten Humanität der einzelnen immer wieder zerbrechen wird, um an seine Stelle die Humanität der Natur treten zu lassen, die die Schwäche vernichtet, um der Stärke den Platz zu schenken." (MK, S. 387)

Die Welt ist ebendieses Schlachtfeld, auf dem entschieden wird, wer das Zeug zum Überleben hat und wer nicht:

> „Wer leben will, der kämpfe also, und wer nicht streiten will in dieser Welt des ewigen Ringens, verdient das Leben nicht." (MK, S. 753)

„Kämpfen" bedeutet jedoch nicht das Kämpfen um gute Noten, einen interessanten Job, den Sieg im Halbfinale oder weniger Feinstaub, sondern die Teilnahme an einem Krieg. Hitler betrachtete den Beginn des Ersten Weltkrieges als die bis dahin beste Zeit seines Lebens:

> „So wie wohl für jeden Deutschen, begann nun auch für mich die unvergeßlichste und größte Zeit meines irdischen Lebens. Gegenüber den Ereignissen dieses gewaltigsten Ringens fiel alles Vergangene in ein schales Nichts zurück. Mit stolzer Wehmut denke ich gerade in diesen Tagen, da sich zum zehnten Male das gewaltige Geschehen jährt, zurück an diese Wochen des beginnenden Heldenkampfes unseres Volkes, den mitzumachen mir das Schicksal gnädig erlaubte." (MK, S. 459)

Dass sich Hitler zum Militär hingezogen fühlte, lag vermutlich auch daran, dass es seiner Vorstellung von Idealismus näher kam als sein Bild vom Rest der Gesellschaft: „Das Heer erzog weiter zum Idealismus und zur Hingabe an das Vaterland und seine Größe, während das sonstige Leben schon zur einzigen Domäne der Habsucht und des Materialismus geworden war" (MK, S. 727). Dass dieser Krieg für das Deutsche Kaiserreich in einer Niederlage endete, lastete Hitler unter anderem der damaligen Regierung und der deutschen

Kriegspropaganda an: „Zu hoffen, daß es mit diesem faden Pazifistenspülwasser gelingen könnte, Menschen zum Sterben zu berauschen, brachten nur unsere geistfreien ‚Staatsmänner' fertig." (MK, S. 509) Menschen zum Sterben zu berauschen? Das ist Hitler im Zweiten Weltkrieg bestens gelungen. Ich suche nach dem Gefühl der Trauer in mir und finde nur Leere.

Offensichtlich habe ich zu klein gedacht auf der Suche nach einem Wohlfühl-Nationalsozialismus, dessen Anziehungskraft in meiner Vorstellung darin bestanden haben müsste, dass er Sicherheit versprach in unruhigen Zeiten. Der echte Nationalsozialismus kannte ja nicht einmal ein Gewohnheitsrecht auf die deutschen Staatsgrenzen, weil sich die Stärkeren in ihm alles nehmen durften:

„Denn kein Volk besitzt auf dieser Erde auch nur einen Quadratmeter Grund und Boden auf höheren Wunsch und laut höherem Recht. So wie Deutschlands Grenzen Grenzen des Zufalls sind und Augenblicksgrenzen im jeweiligen politischen Ringen der Zeit, so auch die Grenzen der Lebensräume der anderen Völker." (MK, S. 1653)

Und damit auch kein Zweifel herrscht, wird in einem eigenen Absatz kursiv hervorgehoben: „Staatsgrenzen werden durch Menschen geschaffen und durch

Menschen geändert" (MK, S. 1653). Das war also die Rechtfertigung für den Angriffskrieg, den wir heute als Zweiten Weltkrieg kennen. Die Begründung für den „totalen Krieg" lieferte Hitler in seinem Buch auch gleich mit:

> „Unterliegt aber ein Volk in seinem Kampf um die Rechte des Menschen, dann wurde es eben auf der Schicksalswage zu leicht befunden für das Glück der Forterhaltung auf der irdischen Welt. Denn wer nicht bereit oder fähig ist, für sein Dasein zu streiten, dem hat die ewig gerechte Vorsehung schon das Ende bestimmt.
>
> Die Welt ist nicht da für feige Völker." (MK, S. 305)

Schwierigkeiten mit der blumigen Sprache? Hier die Übersetzung: Wer nicht bereit ist, Krieg zu führen, oder ihn verliert, verdient keine Gnade, sondern den Tod. Nach dieser Doktrin wäre es nicht die Aufgabe der Alliierten gewesen, die bedingungslose Kapitulation der deutschen Wehrmacht anzunehmen, sondern das Deutsche Reich in ein Massengrab zu verwandeln. Kein Wunder, dass Hitler es vorgezogen hätte, in seinem totalen Krieg auch die letzten Überlebenden zum Sterben zu berauschen, und dass es am Ende des Krieges eine Welle von Selbstmorden gab. Es ging um alles oder nichts: „Deutschland wird entweder Weltmacht oder

überhaupt nicht sein" (MK, S. 1657). Die Flächenbom-
bardierungen deutscher Städte durch die Alliierten
und der Einsatz von Atombomben über Hiroshima und
Nagasaki waren nach Hitlers Weltanschauung konse-
quent. Dass die USA mit dem Marshallplan aufleben
ließen, was Hitler als lächerliche Humanität verachtet
hätte, war zum Glück inkonsequent.

Dass der Nationalsozialismus ein sozialdarwinistisches
Experiment war, habe ich erst durch „Mein Kampf"
begriffen. An das Wort „Sozialdarwinismus" kann ich
mich in Hitlers Text nicht erinnern, aber man braucht
die Anmerkungen in der kommentierten Ausgabe
nicht, um auf diese Beschreibung eines wesentlichen
Elementes in Hitlers Weltanschauung zu kommen.
Um zu verstehen, wie viel Darwins Vorstellung von
Naturgesetzen, die er 1859 publizierte, mit dieser de-
primierenden Weltsicht zu tun hat, las ich „The Origin
of Species"[3] (dt.: „Entstehung der Arten") quer, und weil
mir das nicht reichte, auch ein Buch, in dem er mehr als
zehn Jahre später noch einmal nachlegte: „The Descent
Of Man And Selection In Relation To Sex"[4] (dt.: „Die Ab-

---

3   Charles Darwin, The Origin of Species. With a special introduc-
     tion by Sir Julian Huxley. New York 2003.
4   Charles Darwin, The Descent of Man And Selection In Relation
     to Sex. Second Edition 1874. Kessinger Publishing Rare Reprints.

stammung des Menschen und Selektion im Hinblick auf das Geschlecht").

In der „Entstehung der Arten" ging es Darwin vor allem um die Anpassungsfähigkeit von Pflanzen und Tieren an die Umwelt. Die Wendung „survival of the fittest" („Überleben der Angepasstesten") stammt gar nicht von Charles Darwin. Zudem ist ihre Übersetzung als „Überleben des Stärkeren" irreführend (auf Englisch wäre das „survival of the stronger one"). Darwin zog für sein eigenes Buch den Begriff „natürliche Selektion" vor, weil es ihm wichtig war zu betonen, dass in seiner Theorie Veränderungen in freier Natur am Werk waren im Unterschied zu Tier- und Pflanzenzüchtungen von Menschenhand. Das kann man alles auch im Internet nachlesen, aber nachdem Hitlers Werk einige Überraschungen geboten hatte, wollte ich mich nicht auf Sekundärliteratur verlassen. Es stellte sich heraus, dass die „Entstehung der Arten" sich im Gegensatz zu „Mein Kampf" durchaus als Bettlektüre eignet, weil Darwin offensichtlich eine große Bewunderung für die Vielfalt der Natur und deren Wandlungsfähigkeit hegte und nicht so aggressiv war wie Hitler.

Richtig spannend wird es aber erst in Darwins Buch über die Entwicklung des Menschen. Ihm war wichtig nachzuweisen, dass der Mensch den aufrechten Gang erst lernen musste, aber er erteilte der Humanität keine

Absage wie Hitler. Stattdessen hielt Darwin Mitgefühl für das Anzeichen einer hochentwickelten Stufe des Menschen, die dieser durch natürliche Selektion erreicht habe. Sein Buch schloss er mit den Worten (im Original auf Englisch, natürlich, und hier in eigener Übersetzung):

> „Wir müssen jedoch anerkennen, so scheint es mir, dass der Mensch mit all seinen edlen Eigenschaften, mit seinem Mitgefühl für die Heruntergekommensten, mit einer Güte, die sich nicht nur auf andere Menschen erstreckt, sondern auf das niedrigste Lebewesen, mit seinem gottgleichen Intellekt, der die Bewegungen und die Beschaffenheit des Sonnensystems ergründet hat – mit all diesen erhabenen Kräften – trägt der Mensch noch immer den unauslöschlichen Stempel seines niedrigen Ursprungs in seinem Körperbau."[5]

Darwin hielt auch Mitgefühl für das Ergebnis natürlicher Selektion und glaubte, dass sich in diesem Merkmal die bisher höchste Stufe menschlicher Zivilisation zeige.

---

5   Darwin 1874, S. 570.

2 Rassismus und Antisemitismus

Bisher ging es vor allem darum, was am Nationalsozialismus ansprechend schien und dann doch nicht war – aber was ist in „Mein Kampf" mit den Menschen, die sich vom Nationalsozialismus erst gar nicht angesprochen fühlen konnten, weil Hitler sie zu Feinden erklärte? Wer sich fragt, woher sein Hass auf Juden kam, findet die Antwort in dem Buch. Hitler fürchtete sich vor ihnen, weil er in Juden die einzige ernstzunehmende Gefahr für seine Welteroberungspläne sah. Um der politischen Korrektheit willen in diesem Zusammenhang von „Juden und Jüdinnen" zu sprechen, wäre irreführend, weil in Hitlers Welt nur Männer Macht hatten. Deswegen sehe ich auch keinen Sinn darin, den historischen Begriff „Arier" durch „Arier*innen" zu modernisieren.

In Hitlers Vorstellung fand der Konkurrenzkampf offenbar nicht nur im Rahmen unparteiischer Naturgesetze statt, sondern man musste auch mit einer göttlichen Vorsehung rechnen:

„Als ich so durch lange Perioden menschlicher Geschichte das Wirken des jüdischen Volkes forschend betrachtete, stieg mir plötzlich die bange Frage auf, ob nicht doch vielleicht das unerforschliche Schicksal aus Gründen, die uns armseligen Menschen unbekannt, den Endsieg dieses kleinen Volkes in ewig unabänderlichem Beschlusse wünsche?

Sollte diesem Volke, das ewig nur dieser Erde lebt, die Erde als Belohnung zugesprochen sein?

Haben wir ein objektives Recht zum Kampf für unsere Selbsterhaltung, oder ist auch dies nur subjektiv in uns begründet?" (MK, S. 229)

Wenn Sie wissen möchten, wie Hitler zu dem Schluss kam, dass das Feld noch offen sei, lesen Sie am besten die kommentierte Ausgabe. Hier ist vor allem wichtig, dass er in Juden seine gefährlichsten Gegner im Kampf um die Weltherrschaft sah: „Den gewaltigsten Gegensatz zum Arier bildet der Jude. Kaum bei einem Volke der Welt ist der Selbsterhaltungstrieb stärker entwickelt als beim so-genannten ‚auserwählten'" (MK, S. 777). In der kommen-tierten Ausgabe findet sich ein ganzseitiger Kommentar über die Bibelstelle, auf die Hitler sich bezieht („Wenn ihr nun auf meine Stimme hört und meinen Bund hal-tet, so sollt ihr unter allen Völkern mein Eigentum sein;

denn mein ist die ganze Erde! Ihr sollt mir ein priester-
liches Königtum sein und ein heiliges Volk!" [MK, S. 778;
2.Mose, 19,5-6]), und den daraus abgeleiteten Vorwurf
eines konkurrierenden Weltherrschaftsanspruches.

Warum störte Hitler diese Bibelstelle so sehr? Er war
offensichtlich kein Christ und hätte das Alte Testament
ignorieren können. Er hätte auch ein paar Seiten wei-
terlesen können bis zu dem Gebot: „Die Fremdlinge
sollt ihr nicht unterdrücken; denn ihr wisset um der
Fremdlinge Herz, weil ihr auch Fremdlinge in Ägypten-
land gewesen seid" (2.Mose, 23,9). War die Vorstellung,
auserwählt zu sein, so schön, dass es außer ihm und
seinen Ariern niemand sein durfte? Wäre der Menschheit großes Leid erspart geblieben, wenn er, anstatt in
Kategorien von Rassen, Arten und Völkern zu denken,
bei Religionen geblieben und zum Judentum überge-
treten wäre? Wohl nur, wenn sich das für ihn so gut
angefühlt hätte, dass er seine Weltherrschaftsphanta-
sien nicht mehr gebraucht hätte.

Ein Übertritt zum Judentum war in Hitlers Weltanschauung jedoch undenkbar oder zumindest irrelevant,
weil „Volk" und „Rasse" darin das Wichtigste waren. Es
gibt in „Mein Kampf" ein ganzes Kapitel mit dem Titel
„Volk und Rasse", das zwar keine Definitionen dieser
Begriffe liefert, aus dem aber indirekt deutlich wird,
dass die Begriffe „Volk", „Rasse" und wohl auch „Art"

bei Hitler auswechselbar waren. Religion war für ihn zweitrangig: „Auf dieser ersten und größten Lüge, daß der Jude nicht Rasse, sondern einfach Religion wäre, bauen sich dann in zwangsläufiger Folge immer weitere Lügen auf" (MK, S. 799). Diese Denkweise hätte für Hitler eigentlich ein weiterer Grund sein müssen, sich nicht über das Alte Testament aufzuregen.

Bis vor kurzem dachte ich bei dem Wort „Rasse" an Tierzüchtungen, wie zum Beispiel Pudel und Zwergkaninchen, und bei dem Wort „Rassismus" an Hautfarben. Stundenlange Internetrecherche und ein Dutzend quergelesene Bücher später bin ich zumindest ansatzweise auf der Höhe der Zeit, so dass mir jetzt sogar die Begriffe „Soziobiologie", „Ethnopluralismus", und „Völkerpsychologie" etwas sagen. Hautfarben sind für den Rassismus anscheinend nur vordergründig ein Problem. Der eigentliche Knackpunkt ist die Sehnsucht nach einer Wohlfühlzone, die von Menschen bevölkert wird, die erblich bedingt genauso denken und fühlen wie man selbst. Leute, die anders sind, sollen draußen bleiben und dürfen da machen, was sie wollen, solange sie weiterhin mit Importen die deutsche Wirtschaft ankurbeln, billig Nahrungsmittel und Konsumgüter liefern und Ruhe geben.

Hitler schrieb „Mein Kampf" jedoch, bevor der Nationalsozialismus den Begriff „Rassismus" in Misskredit gebracht hatte und der Bedarf entstand, das Konzept weichzuspülen. Allerdings entstand das Buch lange, nachdem Darwin zu dem Ergebnis gekommen war, dass eine Einteilung von Menschen in Rassen nicht hilfreich sei, weil es keine klare Definition für den Begriff „Rasse" gebe. Zwar gebe es vielfältige Variationen im Aussehen von Menschen, jedoch seien die Übergänge so fließend, dass sich seine Kollegen nicht einmal im Ansatz darüber einigen könnten, wie viele Rassen sich daraus ergäben. Als Hitler Juden und Arier zu „Rassen" erklärte, war das vermutlich ein gefühltes Konzept, das so gängig war, dass seine Leserinnen und Leser keine Definition erwarteten. Klar wird aus Hitlers Ausführungen nur, dass in seiner Vorstellung nicht alle deutschen Staatsbürger Arier waren und nicht alle Arier deutsche Staatsbürger. Landesgrenzen waren in seiner Vorstellung ohnehin künstliche Gebilde, wie wir schon festgestellt haben, und Migration war an sich nichts Böses:

„Nein, im Gegenteil: die Erfahrung zeigt, daß alle auswandernden Elemente eher aus den gesündesten und tatkräftigsten Naturen bestehen, als etwa umgekehrt. Zu diesen ‚Auswanderern' aber zählt nicht nur der Amerikawanderer, sondern auch schon der junge Knecht, der sich entschließt, das heimatliche Dorf zu verlassen, um nach der fremden Großstadt zu ziehen. Auch er ist bereit, ein ungewisses Schicksal auf sich zu nehmen." (MK, S. 145)

Im Hitlerschen Sozialdarwinismus war Mut eine positive Eigenschaft, und als Österreicher, der nach München gezogen und im deutschen Heer gekämpft hatte, war Hitler selbst Migrant. Dieser Migrant betrachtete sich offensichtlich als Arier und zudem als Germane (MK, S. 1667). Anscheinend waren alle Germanen Arier, aber nicht alle Arier Germanen, weil Griechen mit dazugehörten:

> „Man darf sich nicht durch Verschiedenheiten der einzelnen Völker die größere Rassegemeinschaft zerreißen lassen. Der Kampf, der heute tobt, geht um ganz große Ziele: eine Kultur kämpft um ihr Dasein, die Jahrtausende in sich verbindet und Griechen- und Germanentum gemeinsam umschließt." (MK, S. 1075).

Während Hitler die alten Griechen in einer „Rassegemeinschaft" unterbringen musste, um die griechische Antike kulturell vereinnahmen zu können, sah Darwin dafür keine Notwendigkeit (eigene Übersetzung):

> „Die westlichen Nationen Europas, die ihre früheren wilden Vorfahren jetzt so unermesslich übertreffen und auf dem Gipfel der Zivilisation

stehen, verdanken wenig oder nichts von ihrer Überlegenheit einer direkten Beerbung der alten Griechen, obgleich sie den schriftlichen Werken dieses wundervollen Volkes viel verdanken."[6]

Aber zurück zu den Germanen, zu denen Hitler sich zählte. Gehen Sie gerne auf Mittelaltermärkte oder verkleiden sich als Wikinger*in, German*in oder Ähnliches, um ein Wochenende lang der Globalisierung zu entkommen? Nicht mit Adolf Hitler, der mit den Hobby-Germanen seiner Zeit nichts anfangen konnte:

„Es ist dabei das Charakteristische der meisten dieser Naturen, daß sie von altgermanischem Heldentum übertriefen, von grauer Vorzeit, Steinäxten, Ger und Schild schwärmen, in natura aber die größten Feiglinge sind, die man sich nur auszudenken vermag. Denn die gleichen Leute, die da mit altdeutschen, vorsorglich nachgemachten Blechschwertern in den Lüften herumfuchteln, ein präpariertes Bärenfell mit Stierhörnern über dem bärtigen Haupte, predigen für die Gegenwart immer nur den Kampf mit geistigen Waffen und fliehen vor jedem kommunistischen Gummiknüppel eiligst von dannen." (MK, S. 927)

---

6   Darwin 1874, S. 134.

Die Welt war in Hitlers Vorstellung schließlich ein großes Schlachtfeld und Germanen waren darauf recht mobil: „Wir stoppen den ewigen Germanenzug nach dem Süden und Westen Europas und weisen den Blick nach dem Land im Osten" (MK, S. 1657). Hitler glaubte jedoch nicht, dass Kolonien ein geeignetes Mittel der Expansion darstellten, sondern war der Ansicht, dass eine „Rasse" ihre Mitglieder zusammenhalten sollte, anstatt sich in entfernte Länder zu zerstreuen:

> „Denn nicht in einer kolonialen Erwerbung haben wir die Lösung dieser Frage zu erblicken, sondern ausschließlich im Gewinn eines Siedlungsgebietes, das die Grundfläche des Mutterlandes selbst erhöht und dadurch nicht nur die neuen Siedler in innigster Gemeinschaft mit dem Stammland erhält, sondern der gesamten Raummenge jene Vorteile sichert, die in ihrer vereinten Größe liegen." (MK, S. 1655)

Dass Arier sich nicht zerstreuten, war für Hitler so wichtig, weil er glaubte, dass diese in grauer Vorzeit Vorteile gegenüber allen anderen „Rassen" besessen und eben diese Vorteile im Laufe der Geschichte dadurch ruiniert hätten, dass sie mit Angehörigen anderer „Rassen" Kinder bekamen:

„Die Blutsvermischung und das dadurch bedingte Senken des Rassenniveaus ist die alleinige Ursache des Absterbens alter Kulturen; denn die Menschen gehen nicht an verlorenen Kriegen zugrunde sondern am Verlust jener Widerstandskraft, die nur dem reinen Blute zu eigen ist." (MK, S. 769)

Die größte Gefahr in dieser Hinsicht sah Hitler, wie wir schon gesehen haben, in den Juden, die für ihn keine Religionsgemeinschaft, sondern über weite Teile der Welt verstreut einen „Staat" bildeten. Das Wort „Staat" irritiert in diesem Zusammenhang, weil der Staat Israel erst 1948 gegründet wurde, aber dass Hitler damit einen „lebendigen Organismus zur Erhaltung und Vermehrung einer Rasse" meinte, wissen wir schon:

„Der jüdische Staat war nie in sich räumlich begrenzt, sondern universell unbegrenzt auf den Raum, aber beschränkt auf die Zusammenfassung einer Rasse. Daher bildete dieses Volk auch immer einen Staat innerhalb der Staaten. Es gehörte zu den genialsten Tricks, die jemals erfunden worden waren, diesen Staat als ‚Religion' segeln zu lassen und ihn dadurch der Toleranz zu versichern, die der Arier dem religiösen Bekenntnis immer zuzubilligen bereit ist." (MK, S. 427).

Während Hitler seine eigenen Leute erst einmal mit Hilfe des Nationalsozialismus für den Überlebenskampf in Form bringen musste, hatte sein erklärter Feind die Zeit in seinen Augen besser genutzt:

> „Wo ist das Volk, das in den letzten zweitausend Jahren so wenigen Veränderungen der inneren Veranlagung, des Charakters usw. ausgesetzt gewesen wäre als das jüdische? Welches Volk endlich hat größere Umwälzungen mitgemacht als dieses – und ist dennoch immer als dasselbe aus den gewaltigsten Katastrophen der Menschheit hervorgegangen? Welch ein unendlich zäher Wille aber zum Leben, zur Erhaltung der Art spricht nicht aus diesen Tatsachen!" (MK, S. 777).

Von allen Überraschungen, die „Mein Kampf" für mich bot, war das hier die größte. Aus den fabrikartig betriebenen Massenmorden des Holocaust spricht eine solche Menschenverachtung, dass ich immer dachte, Hitlers Hass auf Juden hätte auf einem Überlegenheitsgefühl beruht anstatt auf dem Bemühen, einen Angstgegner zu vernichten. „Gegner" ist jedoch nicht das richtige Wort, weil Hitler nicht etwa von jenem Sportsgeist beseelt war, der es einem beispielsweise ermöglicht, ein gegnerisches Fußballteam zu bewundern, ohne ihm deswegen den Sieg über die eigene Mannschaft zu wünschen. Stattdessen plagten ihn Existenzängste und

Feindbilder. Anscheinend versuchte er damit fertigzuwerden, indem er sich moralisch über seine erklärten Feinde erhob:

> „Denn wenn auch der Selbsterhaltungstrieb des jüdischen Volkes nicht kleiner, sondern eher noch größer ist als bei anderen Völkern, wenn auch seine geistigen Fähigkeiten sehr leicht den Eindruck zu erwecken vermögen, daß es der intellektuellen Veranlagung der übrigen Rassen ebenbürtig wäre, so fehlt doch vollständig die allerwesentlichste Voraussetzung für ein Kulturvolk, die idealistische Gesinnung." (MK, S. 783)

Unter Idealismus verstand Hitler, wie wir schon wissen, „Aufopferungsfähigkeit und Aufopferungswille des einzelnen für die Gesamtheit", das „Du bist nichts, Dein Volk ist alles!" aus der Propaganda. Diese Einstellung sprach Hitler seinen erklärten Feinden ab:

> „Nein, der Jude besitzt keine irgendwie kulturbildende Kraft, da der Idealismus, ohne den es eine wahrhaftige Höherentwicklung des Menschen nun einmal nicht gibt, bei ihm nicht vorhanden ist und nie vorhanden war." (MK, S. 789)

Ich muss gestehen, dass ich eine Weile gebraucht habe, um den Zusammenhang zwischen dieser Auffassung von

Idealismus und der Rolle der „Reinhaltung der Rasse" im Nationalsozialismus zu begreifen. In Hitlers Vorstellung hatte es so etwas wie Arier 1.0 gegeben, die sich dadurch auszeichneten, dass sie ein Kollektiv bildeten, dessen Angehörige sich gemeinschaftlichen Zielen bedingungslos unterordneten und seiner Ansicht nach dadurch zu außerordentlichen Leistungen fähig waren. Arier 1.0 waren im Rahmen eines Herdentriebes mobil, sollten sich aber nicht zerstreuen, um ihren Wettbewerbsvorteil nicht zu verlieren. Juden 1.0 besaßen dagegen in Hitlers Vorstellung das angeborene Laster des Individualismus und Materialismus sowie die Fähigkeit, nach Bedarf untereinander taktische Allianzen einzugehen. Anders als Arier 1.0 bräuchten sie deswegen keine Herde zu bilden, sondern könnten sich wie Wölfe zerstreuen: „Das gleiche Rudel Wölfe, das soeben noch gemeinsam seinen Raub überfällt, löst sich bei nachlassendem Hunger wieder in seine einzelnen Tiere auf" (MK, S. 783).

In Hitlers Vorstellung versuchten Juden seit jeher, Ariern ihren Wettbewerbsvorteil dadurch zu nehmen, dass sie arische Frauen schwängerten, damit die von den Müttern weitervererbte Fähigkeit zur Selbstaufopferung durch die von den Vätern vererbten Individualismus und Materialismus kompromittiert wurde:

„Was in der Geschichte nutzbringend germanisiert wurde, war der Boden, den unsere Vorfahren mit dem Schwert erwarben und mit deutschen Bauern besiedelten. Soweit sie dabei unserem Volkskörper fremdes Blut zuführten, wirkten sie mit an jener unseligen Zersplitterung unseres inneren Wesens, die sich in dem – leider vielfach sogar noch gepriesenen – deutschen Überindividualismus auswirkt." (MK, S. 1001)

Echt, jetzt? Ich bin eigentlich zu alt für diese Jugendsprache, aber besser kann man es nicht ausdrücken, am besten ohne Komma: Echt jetzt?! Dem Begriff „Überindividualismus" bin ich übrigens noch nie in einem anderen Zusammenhang als Hitlers Buch begegnet. Falls er in der kommentierten Ausgabe eine Anmerkung bekam, habe ich das überlesen, werde aber deswegen nicht noch mal die zwei Bände durchgehen. Ich habe bloß im Duden nachgeschaut: Das Wort „Überindividualismus" habe ich dort nicht gefunden, aber es gab „überindividuell" mit der Bedeutung „über das Individuum hinausgehend". Das klingt nicht nach so etwas wie einem Superegoismus, sondern als ginge es um das Gegenteil, nämlich etwas, das dem Individuum übergeordnet ist.

Wie auch immer, während Juden es in Hitlers Geschichtsvorstellung geschafft hatten, Juden 1.0 zu bleiben, hatten die Arier 2.0 in der Gegenwart stark abgebaut:

„Man halte sich die Verwüstungen vor Augen, welche die jüdische Bastardierung jeden Tag an unserem Volke anrichtet, und man bedenke, daß diese Blutvergiftung nur nach Jahrhunderten oder überhaupt nicht mehr aus unserem Volkskörper entfernt werden kann; man bedenke weiter, wie diese rassische Zersetzung die letzten arischen Werte unseres deutschen Volkes herunterzieht, ja oft vernichtet, so daß unsere Kraft als kulturtragende Nation ersichtlich mehr und mehr im Rückgang begriffen ist und wir der Gefahr anheimfallen, wenigstens in unseren Großstädten dorthin zu kommen, wo Süditalien heute bereits ist." (MK, S. 1427)

Was Hitler ausgerechnet gegen Süditalien hatte, wird in „Mein Kampf" nicht deutlich. Offensichtlich ist jedoch, dass er einem goldenen Zeitalter hinterhertrauerte, das er wiederherstellen wollte, und er lehnte mit der Humanität auch den humanistischen Fortschrittsglauben ab, den Darwin vertrat. Aber was sah dann diese Vorsehung vor, von der bei Hitler immer wieder die Rede ist? In jedem Fall ließ sie keinen Raum für Selbstmitleid:

„Völker, die sich bastardieren oder bastardieren lassen, sündigen gegen den Willen der ewigen Vorhersehung, und ihr Untergang durch einen Stärkeren ist dann nicht ein Unrecht, das ihnen zugefügt wird, sondern nur die Wiederherstellung des Rechtes. Wenn ein Volk die ihm von der Natur gegebenen und in seinem Blute wurzelnden Eigenschaften seines Wesens nicht mehr achten will, hat es kein Recht mehr zur Klage über den Verlust seines irdischen Daseins." (MK, S. 855).

Hitlers Sprache kam offensichtlich aus der Tierzucht und würde sich heute vielleicht des Modebegriffes „toxisch" bedienen. Zudem dachte er in religiösen Kategorien: „Der schwarzhaarige Judenjunge lauert stundenlang, satanische Freude in seinem Gesicht, auf das ahnungslose Mädchen, das er mit seinem Blute schändet und damit seinem, des Mädchens Volke raubt" (MK, S. 847). In diesem Falle verlieh Hitler dem Teufel äußerliche Merkmale (schwarze Haare, satanischer Blick), aber an anderer Stelle konnte er Juden von Nicht-Juden äußerlich nicht unterscheiden: „Er mag heute den Deutschen und den Engländer, Amerikaner und Franzosen mimen, zum gelben Asiaten fehlen ihm die Brücken" (MK, S. 1621).

Wie würde das heute im Zeitalter von Gentests aussehen? Eine Kommission beschließt, was sie für jüdische und für arische Gene hält, dazu ein Pflichttermin beim Hausarzt und ein paar Wochen später kommt der Brief von der Krankenkasse mit dem Bescheid „jüdischpositiv" oder „jüdisch-negativ"? Dazu ein oder kein Kreuz bei „Sterilisation", „Ausweisung" oder „Euthanasie"? Oder vielleicht kommt die Kommission zu dem Schluss, dass sich der Wille zur Selbstaufopferung in blauen Augen ausdrückt und braune Augen Anzeichen für Materialismus sind? Oder sie hält sich gar nicht mehr mit Äußerlichkeiten auf, wenn es um die Gesinnung geht?

Wer meint, dass nach dem Holocaust und nach dem nationalsozialistischen Euthanasieprogramm des Dritten Reiches Schluss mit der „Auslese" sein sollte, irrt sich. Hitler glaubte, dass sechshundert Jahre Züchtung nötig seien, um an sein eigentliches Ziel zu kommen:

> „Eine nur sechshundertjährige Verhinderung der Zeugungsfähigkeit und Zeugungsmöglichkeit seitens körperlich Degenerierter und geistig Erkrankter würde die Menschheit nicht nur von einem unermeßlichen Unglück befreien, sondern zu einer Gesundung beitragen, die heute kaum faßbar erscheint. Wenn nun so die bewußte planmäßige Förderung der Fruchtbarkeit der gesündesten Träger des Volkstums verwirklicht wird, so wird das Ergebnis eine Rasse sein, die, zunächst wenigstens, die Keime unseres heutigen körperlichen und damit auch geistigen Verfalls wieder ausgeschieden haben wird." (MK, S. 1035)

Angesichts der Fortschritte in der Genforschung kann man sich vorstellen, wohin so ein Züchtungsprogramm heute führen würde. Wer es sich leisten kann, bekommt Designerkinder, die die Welt beherrschen, während sich der Rest der Welt mit Zufallskindern begnügen muss, die sich mit Minderwertigkeitskomplexen herumschlagen und keine Aufstiegschancen erhalten.

3 Propaganda

„Mein Kampf" ist offensichtlich keine Propaganda-
schrift im Sinne einer Hitler- oder Goebbels-Rede,
sondern bietet einen Blick hinter die Kulissen. Dem
Vorwort nach (MK, S. 89) sollte das Buch das Grundsätzliche der nationalsozialistischen Lehre nieder-
legen für „diejenigen Anhänger der Bewegung, die
mit dem Herzen ihr gehören und deren Verstand nun
nach innigerer Aufklärung strebt". Das konnte nicht
die Mehrheit der Bevölkerung sein, weil die Masse,
von der im Buch oft die Rede ist, in „Mein Kampf"
ziemlich schlecht wegkommt, jedenfalls nach heutigen Maßstäben. Zunächst einmal sei sie umfassend
manipulierbar:

> „So wie die konfessionelle Einstellung das Er-
> gebnis der Erziehung ist und nur das religiöse
> Bedürfnis an sich im Inneren des Menschen
> schlummert, so stellt auch die politische Mei-
> nung der Masse nur das Endresultat einer
> manchmal ganz unglaublich zähen und gründ-
> lichen Bearbeitung von Seele und Verstand dar."
> (MK, S. 281)

So viel zum persönlichen moralischen Kompass. Darwin zufolge richtet sich dessen Nadel vor allem an dem menschlichen Bedürfnis nach Anerkennung aus – unabhängig davon, was durch gesellschaftliche Normen dabei herauskommt. Er war jedoch auch der Ansicht, dass natürliche Selektion die menschliche Vernunft hervorgebracht habe, mit der sich der Mensch von diesem Bedürfnis befreien und verlässlichere moralische Maßstäbe für das eigene Denken und Handeln entwickeln könne.

Während Darwin eine sehr hohe Meinung vom Entwicklungspotenzial menschlichen Lebens hatte, hatte Hitler für die Masse seiner Mitmenschen wenig Respekt. Es sei die primitive Einfalt ihres Gemütes, welche die breite Masse eines Volkes so manipulierbar mache (MK, S. 617). In einem anderen Zusammenhang heißt es: „Die Aufnahmefähigkeit der großen Masse ist eine nur sehr beschränkte, das Verständnis klein, dafür jedoch die Vergeßlichkeit groß" (MK, S. 501). Die Propaganda sei dafür das geeignete Mittel, weil „durch sie bei kluger und dauernder Anwendung einem Volke selbst der Himmel als Hölle weisgemacht werden kann und umgekehrt das elendeste Leben als Paradies" (MK, S. 719). Der Schlüssel für eine solche Manipulation ist Hitler zufolge nicht der Verstand, sondern es sind Gefühle:

„Der Glaube ist schwerer zu erschüttern als das Wissen, Liebe unterliegt weniger dem Wechsel als Achtung, Haß ist dauerhafter als Abneigung, und die Triebkraft zu den gewaltigsten Umwälzungen auf dieser Erde lag zu allen Zeiten weniger in einer die Masse beseelenden wissenschaftlichen Erkenntnis als in einem sie beherrschenden Fanatismus und einer sie manchmal vorwärtsjagenden Hysterie." (MK, S. 879)

Das Wort „Gehirnwäsche" gab es vermutlich noch nicht, dafür aber „Massensuggestion". Das war ein Zustand, in dem ein Mensch

> „[...] als Suchender in die gewaltige Wirkung des suggestiven Rausches und der Begeisterung von drei- bis viertausend anderen mitgerissen wird, wenn der sichtbare Erfolg und die Zustimmung von Tausenden ihm die Richtigkeit der neuen Lehre bestätigen und zum erstenmal den Zweifel an der Wahrheit seiner bisherigen Überzeugung erwecken, – dann unterliegt er selbst dem zauberhaften Einfluß dessen, was wir mit dem Wort Massensuggestion bezeichnen." (MK, S. 1211)

Hitler zufolge sollte ein Redner dafür am besten die Abendzeit nutzen:

> „Morgens und selbst tagsüber scheinen die willensmäßigen Kräfte der Menschen sich noch in

höchster Energie gegen den Versuch der Aufzwingung eines fremden Willens und einer fremden Meinung zu sträuben. Abends hingegen unterliegen sie leichter der beherrschenden Kraft eines stärkeren Wollens." (MK, S. 1203)

In Hitlers Augen war die Mehrheit der Menschen so etwas wie eine moralische Knetmasse. An anderer Stelle hatte er es mit der „großen stupiden Hammelherde unseres schafsgeduldigen Volkes" (MK, S. 1545) zu tun. Der Führer wurde vielleicht geliebt, aber im Gegenzug respektierte er „die Masse" nicht einmal.

Wie konnte ein Mann, der so dachte, charismatisch sein? Mehr als ein Drittel der 82 publizierten Einsendungen für das Preisausschreiben berichtet von einer persönlichen Begegnung mit Hitler, wie zum Beispiel Nr. 10 (S. 241): „Wer den Führer einmal zu hören und zu sehen Gelegenheit hatte, der ließ sich für ihn in Stücke reißen. So ging es auch uns wenigen. Ein jeder arbeitete an seinem Platze mit Aufopferung und Hingabe. Mich kümmerten nicht die gehässigsten Anfeindungen seitens der Kollegenschaft. Wie jämmerlich erschienen mir diese gegenüber der unantastbaren Persönlichkeit unseres Führers". Anscheinend war Hitler nicht nur charismatisch, sondern auch zur richtigen Zeit am richtigen Ort, um Seelen zu fangen, „[...] Seelen, die nach einem deutschen Heiland suchten, Seelen, die an einem Führer von wahrhaft innerer Größe voll Zuversicht und Trost emporblicken wollten!" (Nr. 253, S. 519).

4 Unlesbar, gefährlich oder sogar Pflichtlektüre ?

Ich vermute, dass sich damals viele Leser und Leserinnen auf der Suche nach „innigerer Aufklärung", für die Hitler das Buch schrieb, nicht vorstellen konnten, dass die radikale Absage an die Humanität, die sich durch das ganze Buch zieht, ernst gemeint war. Vermutlich pickten sie sich stattdessen heraus, was ihnen für ihre Wohlfühlzone wichtig war. Eine der wenigen Frauen, die bei dem Preisausschreiben mitmachten, berichtete, dass sie „Mein Kampf" intensiv gelesen habe, aber das Wesentliche hatte sie offensichtlich nicht verstanden: „[...] der Nationalsozialismus ist nichts neues, er ist nur die alte treue deutsche hilfsbereite und edle Art, die jahrelang verschüttet lag und durch unseren Führer wieder an das Tageslicht hervorgeholt wurde" (Nr. 195, S. 440). Einer der Teilnehmer gab zu, sich herausgepickt zu haben, was ihn ansprach: „War der Inhalt in vielen Fällen und für den Anfang noch schwer zu verstehen, so gab mir die Beschreibung der Arbeiterfrage die dort mit einer Gründlichkeit und mit einer zutreffenden Wahrheit behandelt ist, den Anlaß im Spähtjahr 1929 in die Partei einzutreten" (Nr. 440, S. 748f.).

Die zwei Bände von „Mein Kampf" stellen eine zähe Lektüre dar, weil sie nicht nur unstrukturiert und langatmig geschrieben sind, sondern teilweise verquast und unlogisch. Trotzdem lässt sich nicht jeder Satz darin als Spinnerei abtun. Ich finde, dass Hitler ein geradezu unheimliches Gespür für menschliche Schwächen hatte und dass er manche Dinge klar erkannte. Es gibt Passagen wie diese, die in einen historischen Kontext vor dem Dritten Reich gehört, aber im Hinblick auf das, was später geschah, geradezu prophetisch anmutet:

> „Gerade die Überzeugung, daß das Nichtmittun eines einzelnen an der Sache an und für sich gar nichts ändern würde, tötet jede ehrliche Regung, die dem einen oder anderen etwa noch aufsteigen mag. Er wird sich zum Schlusse noch einreden, daß er persönlich noch lange nicht der Schlechteste unter den anderen sei und durch sein Mittun nur vielleicht Ärgeres verhüte." (MK, S. 293)

Ob aufgrund der Lektüre von „Mein Kampf" oder nationalsozialistischer Propaganda, Hitler zufolge gab es sehr viele Menschen, die früh erkannten, dass sie es mit einer radikalen Partei zu tun hatten:

> „Wieviel Tausende haben mir nicht damals versichert, daß sie ja an sich ganz einverstanden mit allem wären, aber nichtsdestoweniger unter

keinen Umständen Mitglied sein könnten. Die Bewegung wäre so radikal, daß eine Mitgliedschaft bei ihr den einzelnen wohl schwersten Beanstandungen, ja Gefahren aussetze, so daß man es dem ehrsamen, friedlichen Bürger nicht verdenken dürfe, wenigstens zunächst beiseite zu stehen, wenn er auch mit dem Herzen vollkommen zur Sache gehöre." (MK, S. 1487)

Den Berichten der frühen Nazis nach gab es zudem Menschen, die sie vor Hitlers Weltanschauung warnten. Ein Autor berichtete, dass ihm bei seinen Werbeaktionen entgegengehalten wurde: „[...] Wenn die Braunen ans Ruder kommen, ist der Krieg bestimmt da'" (Nr. 162, S. 406), und die Frau, die schon oben zitiert ist, schrieb:

„In anonimen Briefen wurde auch ich bei Gott und allen Heiligen beschworen, Hindenburg zu wählen. Hitler wurde als blutrünstiger Mörder hingestellt, der im dritten Reich einen Teil der Neugeborenen töten liesse, um die Rassenauslese zu beschleunigen und die alten Leute und Krüppel an die Wand stellen liess, um Raum zu schaffen für die Jungen und Gesunden." (Nr. 244, S. 491)

Vermutlich hatten kühlere Köpfe „Mein Kampf" genauer gelesen oder vielleicht hatte es ihnen gereicht, die Nazipropaganda zu Ende zu denken. Der Holocaust und der „totale Krieg" der späteren Jahre überstieg vermutlich selbst ihre Vorstellungskraft, aber das ändert nichts daran, dass beide in „Mein Kampf" bereits angelegt waren. Hitler fehlten eine Zeitlang nur die Mittel für die Umsetzung: „Und doch wird im allgemeinen eine Weltanschauung nur dann Aussicht zum Siege erhalten, wenn sich die breite Masse als Trägerin der neuen Lehre bereit erklärt, den notwendigen Kampf auf sich zu nehmen" (MK, S. 311–313).

Ich meine, dass „Mein Kampf" in den Geschichtsunterricht gehört, weil man sehr viel daraus lernen kann. Das Buch räumt mit der Vorstellung auf, dass die Sehnsucht nach einer „guten alten Zeit" mit dem Nationalsozialismus kompatibel wäre. Es beschreibt eine finstere Welt, die von Hass und Herrschsucht geprägt ist, und in der es gelegentlich Sarkasmus gibt, aber keinen Humor und schon gar keine Güte, keine Friedfertigkeit und nur sehr selektiv Mitgefühl (z. B. mit Mäusen, MK, S. 589). Entsprechend ungeeignet ist Hitlers Weltanschauung als Grundlage für eine Schrebergartenidylle oder Dorfromantik. Weltoffenheit fehlt auch völlig, aber das macht „Mein Kampf" noch lange nicht zu einer Wohlfühlzone für Menschen, die ihre Heimat höchstens für Sonne und Strand im Urlaub verlassen wollen.

Aus der Lektüre von „Mein Kampf" wird ziemlich klar, warum unser heutiges Grundgesetz mit dem Satz „Die

Würde des Menschen ist unantastbar" beginnt, und warum der Satz „Jeder hat das Recht auf die freie Entfaltung seiner Persönlichkeit" wichtig ist. Jetzt könnte man kritisieren, dass unsere heutige Gesellschaft auch nicht das Gelbe vom Ei sei: Von der Selbstaufgabe für das Zuchtprogramm eines arischen Kollektivs habe der Weg nicht zur Vernunft geführt, sondern zum Selbstoptimierungswahn einer individualistisch geprägten Gesellschaft, die mit ihrem Materialismus bereits das Klima kaputt gemacht habe! Es würde mich nicht wundern, wenn hinter dem ausgeprägten Individualismus, der in unserer heutigen Gesellschaft herrscht, die Angst vor einer fehlgeleiteten Opferbereitschaft steht (bloß nicht den gleichen Fehler zweimal machen). So ganz ohne Opferbereitschaft geht es aber auch nicht, sonst stehen die nachfolgenden Generationen womöglich in der Wüste.

„Mein Kampf" legt nahe, dass Hitler heute weder für Neonazis noch für Holocaustleugner etwas übrig hätte, wenn auch aus unterschiedlichen Gründen. Neonazis haben nicht begriffen, dass sie für das gescheiterte sozialdarwinistische Experiment zu spät geboren wurden. Holocaustleugnende fände Hitler dagegen verachtenswert, weil sie den Massenmord mit ihrem humanistisch geprägten Selbstverständnis nicht vereinbaren können. Es ist nicht schwer, sich die entsprechende Tirade vorzustellen: Schwächlinge, Feiglinge! Brutalität sei eine Tugend.

Aus meiner Sicht war es ein Fehler, das Buch nach Möglichkeit aus dem Verkehr zu ziehen, weil das zur Legendenbildung über den Nationalsozialismus beigetragen hat. Stattdessen hätte es längst im Geschichtsunterricht dazu beitragen können, das wahre Gesicht des Nationalsozialismus zu enthüllen.